Ye

1448

LE SONGE

DE 1683

PHILOMATHE

A PARIS,

Chez Sebastien Mabre-Cramoisy, Imprimer
du Roy, ruë Saint Jacques, aux Cicognes.

M. DC. LXXXIII.

AVEC PERMISSION.

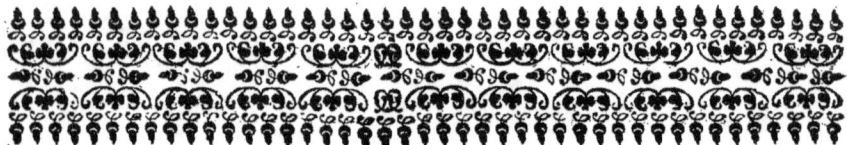

LE SONGE
DE
PHILOMATHE.

VOus souvient-il, mon cher Cleo-
gene, d'un Entretien que nous
eusmes ensemble il y a quelque temps,
par lequel, pour excuser vostre paresse,
& justifier l'inclination que vous avez à
demeurer au lit, vous taschiez à me per-
suader que les hommes ne sont jamais
plus heureux en cette vie que pendant
le sommeil. Que non-seulement ils y
goustent un doux repos qui les délasse,
& leur donne de nouvelles forces ; mais
encore que l'ame se trouve souvent en-
tretenuë par des images & des songes si
charmans, qu'elle sent une joye incon-

cevable pendant les agréables momens qu'elle eſt dans cét heureux eſtat. J'ay éprouvé moy-meſme cette verité, & je vais vous raconter ſur ce ſujet ce qui m'eſt arrivé.

Un des plus beaux jours de l'eſté dernier, pendant que la Cour eſtoit à Verſailles, je choiſis une heure qu'il n'y avoit perſonne dans le petit Parc, pour mieux voir ce qu'on avoit nouvellement fait aux fontaines.

Lors que j'eûs conſideré tous ces endroits ſi beaux & ſi charmans, qu'un ſeul pourroit faire l'ornement & la magnificence d'un grand palais, je m'enfonçay dans un des boſquets qui me parut le plus couvert. M'eſtant aſſis ſur un ſiege, je repaſſois dans ma mémoire ce qu'il y a de remarquable & de ſingulier dans ces differens lieux, qui tous enſemble font de cette Royale Maiſon la plus riche & la plus ſuperbe demeure que l'on puiſſe imaginer. Je n'y eûs pas eſté long-temps, que je m'appuyay contre un ar-

bre qui fe rencontra prés de moy. Le
calme où je me trouvay, le bruit des
eaux, & la fraifcheur du lieu fe ren-
dirent infenfiblement maiftres de mes
fens, & me livrerent au fommeil. Tant
d'excellentes images, dont mes yeux
s'eftoient remplis, entretenoient mon efprit dans des réveries fi agréables, que je
crus eftre encore dans un des riches Pa-
villons de la Renommée, & que tout
d'un coup j'apperceûs venir deux Da-
mes, qui à leur port majeftueux avoient
quelque chofe de plus qu'humain. L'une
eftoit d'une taille haute & fort dégagée.
Elle avoit le teint blanc, les yeux bleus
& vifs. Ses cheveux eftoient blonds, qui
tombant par groffes boucles fur fon col,
en augmentoient encore la beauté. Sa
robe eftoit blanche, femée de diverfes
fleurs en broderie d'or. Un manteau de
couleur bleuë, & fort leger pendoit de
deffus fes épaules, & traifnoit jufques à
terre. L'autre Dame eftoit d'une taille un
peu moins grande, mais parfaitement bien

proportionnée. L'air de fon vifage avoit quelque chofe de mafle & de doux tout enfemble. Ses yeux noirs brilloient d'un éclat vif & perçant, & fes cheveux bruns eftoient noûez negligemment autour de fa tefte. Sa robe eftoit d'un taffetas changeant, & pardeffus elle avoit un grand voile d'une étoffe de foye tres - claire rayée d'or & d'argent, au travers de laquelle on ne laiffoit pas de découvrir les couleurs de fa robe. La premiere tenoit en fa main des tablettes, & l'autre un rouleau de papiers & un crayon. Les voyant avancer, je me retiray dans un coin du Pavillon, & j'entendis qu'elles fe faifoient quelques reproches, l'une fe plaignant de ce que l'autre luy déroboit quelque chofe de fa gloire. Aprés avoir marché quelque temps avec affez d'action, elles s'arrefterent contre cette riche baluftrade de marbre qui environne le baffin de la fontaine. Je connus alors par leurs difcours que c'eftoit la Poëfie & la Peinture qui avoient quelque differend. Elles s'appuyerent fur la baluftrade, moins pour fe repofer que pour parler plus commodément, & alors je fus témoin de cét Entretien.

LA PEINTURE.

N'EST-CE pas auffi une chofe étrange, ma fœur, que vous preniez tant de foin à traverfer mes deffeins? Quoy, je n'ofe rien faire de particulier pour la gloire du Roy, que vous ne l'imitiez! Si je penfe travailler à quelque ouvrage qui ait rapport à fes actions, vous venez auffitoft m'interrompre, & vous tafchez par vos belles paroles à me priver de l'honneur que je puis acquerir par l'excellence de mon invention.

LA POESIE.

Vos Ouvrages, ma fœur, n'ont rien que d'admirable,
Tout y paroift fçavant, naturel, agréable;
Mais quelque illuftre effort que faffe voftre main,
Si c'eft pour m'égaler, elle travaille en vain.
Pourquoy donc m'accufer de malice ou d'envie?
Quelle gloire, ma fœur, vous puis-je avoir ravie?
Quel fujet auroit pû m'animer contre vous,
Et rendre mon efprit de vos grandeurs jaloux,

Moy qui dans mes travaux n'ay jamais veû per-
  sonne
Prétendre à m'arracher l'honneur de la couronne?
Tout cét éclat trompeur qui brille dans voftre art,
Vous appartient, ma sœur; je n'y prens point de part.
Vos plus vives couleurs, vos lumieres, vos ombres
Paroiffent à mes yeux trop foibles & trop fom-
  bres.
Je fçay, quand il me plaift, favorable aux amans,
Leur faire des portraits plus vifs & plus charmans.
D'un pinceau tout divin je fais une peinture
Qui ternit les beautez que forme la nature,
Et d'où, fans reprocher les dons que je vous fais,
Vous empruntez fouvent les plus beaux de mes
  traits.
Mais pour vous obliger, & vous rendre fervice,
Eft-il rien fous les cieux, ma sœur, que je ne fiffe?

LA PEINTURE.

CE n'eft pas me bien fervir que de vouloir at-
tirer tout le monde à vous, quand il eft occupé
à confiderer mes ouvrages ; & je n'ay pas lieu
de prendre pour de bons offices ceux que vous
me rendez tous les jours. Je croyois ne pouvoir
mieux plaire à ce grand Monarque , qui eft
aujourd'huy la merveille du monde, que de le
peindre fous les differentes images des plus grands
Heros de l'antiquité ; & l'ayant reprefenté vail-
lant ,

lant, généreux & triomphant, je penſois en
avoir formé des traits qui le faiſoient aſſez bien
connoiſtre, lors que j'apprens que vous vous
ſervez des ſujets que j'ay choiſis pour faire des
portraits de ce grand Prince.

Ne pouviez-vous pas employer vos talens
d'une autre maniere, ſans vouloir m'oſter la
gloire que j'acquiers par l'excellence de mes Tableaux, & particulierement dans ceux, où ſous
des figures toutes myſterieuſes, je taſche à donner quelque idée de l'ame de ce grand Monarque.

LA POESIE.

POur parler d'un Heros, ou d'un grand Per-
ſonnage,
Vous ſçavez bien, ma ſœur, que c'eſt un avan-
tage
Que les Dieux en naiſſant m'ont donné deſſus
vous,
Et qui fait le ſujet de tout voſtre courroux.
Mais ſi les Immortels, comme leur fille aiſnée,
A chanter leurs vertus m'ont ainſi deſtinée,
Voſtre ſort, quoy-que moindre, eſt pourtant bien-
heureux;
Puis qu'enfin vous ſçavez de ces Heros fameux
Repreſenter le corps, & faire une peinture
Qui par voſtre art divin imite la nature.

B

Vous pouvez, mefme encor de tout cét Univers
Retracer les fujets que je peins dans mes vers.
Je ne vous cache point ce que j'ay de richeffes;
Je vous en fais, ma fœur, bien fouvent des lar-
    geffes,
Et pour tant de trefors & de dons précieux
Je n'exige de vous qu'un accueïl gracieux.
Vous devez, un peu plus aux droits de ma naif-
    fance;
Mais je ne veux de vous d'autre reconnoiffance.

LA PEINTURE.

HA! c'eft me traiter avec trop d'orgueïl! Je voy bien qu'il eft temps que je me déclare, & que je faffe voir avec combien d'injuftice vous prétendez ufurper ce droit d'aifneffe, vous qui n'eftes venuë au monde que long-temps aprés moy. Jufques icy j'ay fouffert voftre humeur altiere; mais puis que vous voulez me dérober un titre qui m'eft fi juftement acquis, je prétens bien m'oppofer à vos deffeins, & détromper ceux que vous prévenez à mon defavantage. Il ne m'eft pas difficile de prouver le temps de ma naiffance, & de faire voir que les Dieux ne vous ont fait naiftre que pour me tenir compagnie, & pour expliquer aux hommes les myfteres que je leur avois déja reprefentez par mes fçavans caraëteres.

LA POESIE.

SI l'on ne sçavoit pas quelle est mon origine,
Que je tire mon sang d'une source divine,
Que le Ciel m'a veû naistre, & que les Immortels
M'ont commise icy-bas pour bastir leurs Autels ;
Que c'est ma seule voix qui forme leurs oracles,
Prononce leurs decrets, annonce leurs miracles,
Et de leurs volontez établissant les loix,
Y tient assujetis les peuples & les Rois ;
Et si j'estois enfin quelque peu moins connuë ;
Vous pourriez bien, ma sœur, vous qui trompez la veûë,
Tracer de mon visage un crayon imparfait,
Et le faire autrement que les Dieux ne l'ont fait.
Mais chacun sçait assez qu'il n'est point de contrée
Où mon nom & ma voix ne se soient fait entrée :
Je me suis fait connoistre en mille & mille lieux,
Pour y faire adorer les Heros & les Dieux.
   Avant que vous eussiez jamais fait leurs images,
Je montrois comme on doit leur rendre des hommages :
J'enseignois aux mortels l'effet de leur pouvoir,
Qui fait de l'Univers tous les cercles mouvoir :
Je faisois leur portrait sans pinceau, sans matiere,
Sans ombres, ni sans traits ; ce n'estoit que lumiere,
Que les yeux les plus forts ne pouvoient supporter,
Mais qu'un esprit soumis sçavoit bien respecter :

Et par ces mots sacrez, de pure & simple essence,
J'en faisois mieux que vous toute la ressemblance.
　　Cependant pour vous plaire, & pour les honorer,
Je vous appris, ma sœur, à les bien figurer.
Je vous marquay les lieux où chacun d'eux habite;
Je vous dis leurs vertus, leurs noms, & leur merite,
La puissance qu'ils ont sur le sort des humains,
Les ouvrages sortis de leurs divines mains,
Quel est le port de l'un, de l'autre le visage,
Des Déesses le teint, des Nimphes le corsage;
Et vous traçant ainsi de tous les demi-Dieux
Cent differens portraits rares & précieux,
Je vous donnois sujet de faire une peinture,
Où de ces grands Heros on connust la figure.
　　Combien de fois mon cœur de ce zele enflammé
A-t-il dedans le vostre un beau feu rallumé,
Dont la claire lumiere & la chaleur ardente
Echauffoit vostre esprit & vostre main trem-
　　blante,
Et par ce grand secours qu'ils tiroient de mon sein,
Achevoient aisément quelque noble dessein?
Mais sans moy vos couleurs, quoy-que vives
　　& belles,
N'eussent jamais bien peint les beautez éternelles;
Et mesme tres-souvent pour de moindres sujets,
Je vous en ay, ma sœur, fait les premiers projets.
Ne dédaignez donc point ce nom de ma cadette,
Profitez-en, ma sœur, soyez sage & discrete;

Et pour n'abuſer plus ainſi de ma bonté,
Laiſſez-là voſtre orgueil, & voſtre vanité.

LA PEINTURE.

C'EST ma voix, ma ſœur, qui eſt une voix
toute ſpirituelle & toute divine, puis qu'elle
ſe fait entendre à tous les peuples. Je n'ay
pas beſoin, comme vous, de differens idiomes
pour chaque nation : je n'ay qu'une maniere
de m'exprimer qu'elles entendent toutes ; & le
plus barbare comme le plus poli comprend
tout d'un coup ce que je luy veux dire. Il n'eſt
pas juſques aux animaux qui ne ſoient ſoumis
à ma puiſſance, & à qui je ne faſſe ſentir les
charmes de mon art : j'expoſe des choſes qui
paroiſſent ſi réelles, qu'elles trompent les ſens.
Je fais par une agréable & innocente magie,
que les yeux les plus ſubtils croyent voir dans
mes ouvrages ce qui n'y eſt pas. Je fais paroiſ-
tre des corps vivans dans des ſujets où il n'y a
ni corps ni vie. Je repreſente mille actions differentes, & par tout l'on diroit qu'il y a de l'a-
gitation & du mouvement. Je découvre des
campagnes, des prairies, des animaux, & mille
autres ſortes d'objets, qui n'exiſtent que par
des ombres & des lumieres, & par le ſecret
d'une ſcience toute divine dont je ſçay trom-
per les yeux. C'eſt par ces merveilles, ma ſœur,

B iij

que malgré vos artifices je prétens conserver
quelque avantage sur vous.

LA POESIE.

Estimez de vostre Art les differens ouvrages,
Vantez ces beaux portraits, ces vivantes images,
Tous ces fruits si bien peints, ces arbres toûjours
    verds,
Les épics de l'esté, les glaçons des hivers.
Montrez, si voulez, cent choses surprenantes,
Que l'on croit bien souvent & vives & mouvantes,
Et d'un pinceau sçavant exprimez des beautez
Dont les yeux des mortels puissent estre enchantez.
Pour satisfaire mieux au plaisir de la veüë,
Arrangez ces couleurs dont vous estes pourveüë.
Vos plus puissans efforts ne produiront jamais
Des miracles pareils à tous ceux que je fais.
Je ne vais point chercher dans le sein de la terre
Ces differens émaux, ces couleurs qu'elle enserre,
Qui recevant de vous quelque charme nouveau,
Donnent à vos Tableaux ce qu'on y voit de beau.
Ce surprenant éclat d'une peinture illustre
Dure tres-rarement jusqu'au centiéme lustre :
La matiere s'en perd, & l'on voit trop souvent
Vos penibles travaux emportez par le vent.
Les miens ne courent point de fortune semblable :
Ils n'ont rien que de grand, de noble & de du-
    rable,

Et sans craindre du temps les outrages divers,
Ne periront jamais qu'avec tout l'Univers.
L'esprit qui les produit & leur donne naissance,
Leur communique aussi sa divine puissance ;
Ils sont purs comme luy, solides, éternels,
Ayant part au bonheur des estres immortels.
Ainsi je puis, ma sœur, sans faire icy la vaine
Rabaisser aisément vostre humeur trop hautaine.
Car qui peut ignorer que l'Astre dont le cours
Compose les saisons, & les mois & les jours,
Est le Dieu dont je tiens ma naissance divine,
Et qui d'un feu secret échauffe ma poitrine ?
Que ma voix est la voix qu'il employe à charmer
Ceux d'entre les mortels dont il se fait aimer,
Et que des plus beaux arts les écoles sçavantes
Deviennent par mes soins encor plus éclatantes ?
Quand des Peintres fameux les celebres pinceaux
Feront voir dans ces lieux des chefs-d'œuvres
    nouveaux,
Vous connoistrez, ma sœur, que leur rare genie
Ne reçoit que de moy sa puissance infinie ;
Que désja par mes soins ils font voir à la Cour
Des portraits dignes d'eux & du pere du jour.
Ainsi vous ferez mieux sans vous mettre en colere,
De travailler en paix, & d'apprendre à vous taire.

LA PEINTURE.

J'AVOUE, ma sœur, qu'Apollon est vostre

pere ; que c'eſt par voſtre bouche qu'il parle aux
hommes un langage tout divin ; que pour moy
je ne leur parle que par des ſignes ; & que ma
naiſſance ne vous eſt point connuë. Comme je
ſuis fille qui ne tient pas de grands diſcours, je
vous apprendray en peu de mots mon origine,
& vous feray voir combien elle eſt plus ancienne
& plus illuſtre que la voſtre. C'eſt un ſecret que
je vous avois toûjours caché, pour ne vous donner point de jalouſie. Sçachez donc, ma ſœur, que
je ſuis fille de Jupiter ; que ce Dieu m'engendra
lors qu'il voulut créer l'Univers, & me fit ſortir
de ſa teſte, non pas de la meſme ſorte qu'il fit naiſtre Minerve avec l'aſſiſtance de Vulcain ; mais
qu'il m'en tira luy-meſme par ſa propre vertu, &
par un effort de ſon pur eſprit, afin de ſe ſervir
de moy pour peindre le Ciel & la Terre, dont les
couleurs charment les yeux de tout le monde.

Aprés que j'eûs couvert les Cieux de ce bel
azur que vous voyez, j'y figuray ces Signes admirables qui en font l'ornement. Ne vous éton-
nez plus, ma ſœur, ſi je me ſers des ſignes pour
me faire entendre, puis que c'eſt le langage du
plus grand des Dieux, & le premier par lequel
il ſe fit connoiſtre aux hommes, & leur expri-
ma ſes volontez. La lumiere ne fut créée que
pour faire voir mes ouvrages. Ce fut par elle
que l'on apperceût que j'avois peint le lambris
des

des Cieux d'une couleur douce & éclatante;
que je l'avois enrichi de ces brillans dont il est
femé, & dont la difpofition marque le chemin
par où le Soleil fait fa courfe.

Ce fut contre cette voute celefte que je pris
plaifir à reprefenter des fleuves, des figures hu-
maines, des animaux, & une infinité de chofes
qui font les premieres images de tout ce qu'il y
a en l'air, fur la terre & dans les eaux, dont mon
pere voulut que je traçaffe une idée. Comme je
les formay d'une maniere toute celefte, elles font
bien differentes de ce que l'on voit icy bas.

Ce fut moy, ma fœur, qui travaillay à ces
riches portiques par où voftre pere commence
& finit fa carriere. J'employay pour matiere ce
pur efprit qui forme l'or dans les entrailles de
la terre: & fur cette matiere toute fpirituelle je
couchay mes plus vives couleurs. Cét arc, qui
paroift dans le Ciel, & qui par fa beauté charme
les yeux toutes les fois qu'on le voit, eft un premier effay des couleurs dont je voulois me fervir à peindre la nature. Cependant cét effay parut un chef-d'œuvre à tous les Dieux; & mon
pere en ayant efté luy-mefme furpris, le cacha
long-temps aux hommes, qui ne méritoient pas
la veûë d'une chofe fi précieufe. Tout ce que
vous voyez, ma fœur, de fi bizarrement peint
dans les nuages, eft un effet des premiers jeux

C

de mon esprit. Je donnay en suite de la couleur à tout ce qui est dans les eaux & sur la terre. J'emaillay les fleurs, je doray les moissons, j'embellis les fruits de teintes differentes, & figuray mille images bizarres sur les pierres & sur les coquilles. Ce que l'on voit de si extraordinairement peint dans des arbres & contre des rochers a esté fait par le Hazard, qui observant alors ce que je faisois amassoit ce qui tomboit de mes couleurs, avec lesquelles taschant à m'imiter, il representoit une infinité de choses.

A mesure que Jupiter créoit les oiseaux, les poissons & les autres animaux qui sont sur la terre, je les parois de ces mesmes couleurs dont j'avois peint la nature. Mais lors qu'il eût créé l'homme, ce fut moy, ma sœur, qui travaillay à la belle proportion de ses parties, & qui en les couvrant de teintes admirables, en fis le chef-d'œuvre & le racourcy de tout le monde entier.

La Lumiere qui m'avoit veû peindre voulut imiter ce que j'avois fait : elle déroba de mes couleurs pour s'en servir, & s'enfermant dans des lieux forts secrets, & où elle ne pouvoit entrer qu'avec peine, se plaisoit à copier ce que j'avois peint sur la terre. Mais il est difficile de voir ses ouvrages, si l'on ne se cache dans les mesmes endroits où elle se retire, pour la surprendre lors qu'elle travaille.

Les Divinitez des eaux confiderant auſſi mes
peintures avec plaiſir, en ont voulu faire des co-
pies ; & elles y ont ſi bien réüſſi, que vous voyez
avec quelle facilité elles ſçavent faire un tableau en un moment. Les grands Fleuves meſme & les Torrens, quoy-que prompts & impe-
tueux, taſchent ſouvent de les imiter, mais ils
n'ont pas aſſez de patience pour achever tout ce
qu'ils commencent. Il n'y a que les Nimphes
des rivieres, des lacs & des fontaines, dont l'humeur eſt plus douce & plus tranquille, qui ont
pris un ſi grand plaiſir dans cette occupation,
qu'elles ne font autre choſe que de repreſenter
continuellement tout ce qui ſe preſente à elles.

Aprés avoir fini les ouvrages qui m'avoient
eſté ordonnez, je remontay au Ciel, où je penſois demeurer auprés de mon pere à les con-
templer ; lors que l'Amour, ce Dieu qui aime
toutes les belles choſes, vint trouver Jupiter, &
luy remontra que pour ſa plus grande gloire, il
eſtoit beſoin que je demeuraſſe en terre, & que
j'appriſſe aux hommes à connoiſtre & à adorer
les Dieux. Qu'il eſtoit vray que les Nimphes
des eaux taſchant d'imiter ce que j'avois peint,
repreſentoient bien ce qu'elles voyoient ; qu'elles
donnoient meſme du mouvement & de l'action
aux choſes inanimées ; qu'il y avoit dans leurs
peintures une verité & une admirable union de

couleurs ; mais qu'elles eſtoient ſi capricieuſes, qu'on ne pouvoit bien voir leurs tableaux, par-ce qu'elles les repreſentoient toûjours renverſez le haut en bas. Qu'outre cela elles négligent, ou ne ſçavent pas leur donner aſſez de force, ni faire un choix des plus belles choſes, peignant indifferemment toutes ſortes d'objets. Qu'elles n'avoient pas meſme une application aſſez ſe-rieuſe à leur travail : outre que les zephirs ſe di-vertiſſoient ſouvent à corrompre les traits, & à confondre les couleurs de leurs tableaux.

J'ay voulu, dit l'Amour, les engager à faire mon portrait ; pluſieurs Nimphes des fontaines & des lacs les plus tranquilles témoignoient y prendre plaiſir. Mais lors qu'elles avoient fini mon Tableau, je ne pouvois le tirer de leurs mains ; & meſme ſi-toſt que je m'éloignois, elles effa-çoient ce qu'elles avoient fait, pour mettre une autre choſe à la place.

La Lumiere qui repreſente aſſez bien la Na-ture, quand elle travaille enfermée, n'a pû me ſatisfaire. L'ayant voulu engager à faire le por-trait d'un amant pour ſa maiſtreſſe, elle n'en put marquer que les premiers traits. Ainſi, vous voyez bien que pour donner aux hommes des images plus reſſemblantes de toutes les Divini-tez, il eſt neceſſaire que la Peinture retourne parmi eux pour les inſtruire.

Lors que l'Amour eût parlé, Jupiter me regardant, Retourne donc, ma fille, me dit-il, & va faire ton sejour sur la terre. C'est là que par les ouvrages de tes mains tu apprendras aux mortels quel est mon pouvoir. Imprime de toutes parts des marques de ma grandeur; & en leur enseignant ton art, fais-leur sçavoir combien je leur cache d'autres merveilles qu'ils ne verront jamais pendant leur vie.

Il ne m'eût pas si-tost parlé, que je partis remplie d'une infinité de nobles idées, pour les communiquer à ceux que j'en trouverois les plus dignes. Je descendis en terre avec l'Amour. Il fut le premier des Dieux dont je fis des images. Je le representay en cent façons differentes, selon les differentes occupations qu'il se donne luymesme. Il m'obligea d'enseigner les premiers traits du dessein à une jeune fille chez laquelle il logeoit. Ce fut par où je commençay à me faire connoistre; & c'est, ma sœur, pourquoy l'on a cru que je n'avois pris naissance qu'en ce temps-là.

Je montray en suite aux hommes la maniere de distribuer les jours & les ombres pour donner du relief aux corps. Je leur enseignay à composer toutes sortes de couleurs, & à s'en servir pour imiter mes ouvrages. Je leur dis de quelle maniere il faut regarder les objets, & leur fis comprendre de quelle sorte les choses

paroiſſent plus ou moins grandes à la veûë. Je
leur appris à répandre ſur leurs tableaux une
lumiere qui imitaſt bien celle de la nature ; à
connoiſtre que la beauté vient de la proportion
des parties , & comment il faut faire choix des
plus belles ; de quelle ſorte il faut ſe conduire
pour bien marquer la force & la diminution de
l'air dans les objets les plus proches & les plus
éloignez ; ce que l'on doit étudier pour bien
exprimer les divers mouvemens du corps , &
les differentes paſſions de l'ame ; enfin, comment l'on doit repreſenter la beauté, & les graces
meſmes qui ſe trouvent dans chaque choſe.

L'Amour ravi de voir tous les ſoins que je
prenois pour apprendre aux hommes tant de
merveilles, parloit de moy dans tous les lieux
où il ſe trouvoit & me faiſoit rechercher de
tout le monde. J'apprenois aux Amans à dé-
clarer leurs paſſions par des caracteres tout myſ-
terieux. Je leur faiſois voir la perſonne meſme
qu'ils aimoient, quoy-qu'abſente ; & j'en figurois
des images non pas ſemblables à celles que vous
faites, ma ſœur, que chacun peut conſiderer à
ſa fantaiſie, & ſe repreſenter comme il luy plaiſt,
mais des images veritables, & où la nature ſem-
bloit avoir formé une ſeconde perſonne.

Ce fut donc par moy, ma ſœur, quoy que
vous puiſſiez dire, que les hommes comprirent

la nature & l'excellence des Dieux. Je leur en figuray, d'une maniere proportionnée à leur intelligence, la grandeur & les hautes qualitez. Ils apprirent aussi de moy à découvrir aux Dieux mesmes les sentimens de leur cœur, par des figures qu'ils gravoient de toutes parts pour marque de leur veneration. L'on ne parloit point de vous alors, ma chere sœur, & ce ne fut qu'en considerant la beauté de mes travaux, que l'Imagination vostre mere devint amoureuse d'Apollon. Elle estoit ma confidente, & les Dieux l'avoient donnée aux hommes pour leur aider à mieux entendre ce que je leur enseignois, & rendre leur esprit capable de comprendre la sublimité de mes mysteres. J'avois si souvent peint le visage de ce Dieu que vous appellez vostre pere, & elle m'en avoit oüi dire de si grandes choses, qu'elle en devint passionnée. Vous ne pensiez peut-estre pas que je fusse si bien informée de ce qui vous regarde. Cependant il faut que vous sçachiez que j'ignorois moins que personne tout ce qu'elle faisoit pour se faire aimer de luy. Je reconnus bientost aprés qu'elle avoit receû des gages de son amour. Pendant le temps de sa grossesse, elle ne cessoit de le rechercher; & lors qu'il se retiroit chez Thetis, elle couroit toute seule parmi l'obscurité des tenebres pour le trouver. Elle traver-

foit le palais du Sommeil, elle paſſoit au milieu
des Songes & des Viſions; & parce qu'elle ne
pouvoit s'empeſcher de les regarder, cela fut
cauſe que vous en fuſtes beaucoup marquée.
Enfin le terme de ſon accouchement arriva, &
ce ne fut qu'avec des fureurs & des tranſports
extraordinaires qu'elle vous mit au monde. Elle
ſe retira ſur le Mont Olympe, pour ne vous pas
montrer d'abord dans cét eſtat où vous eſtiez.
Apollon & ſes ſœurs prirent ſoin de vous pendant que vous demeuraſtes aſſez long-temps ca-
chée dans les bois à cauſe de ces marques que vous
aviez contractées dans le ventre de voſtre mere.
Ce fut pour taſcher d'effacer ces defauts que voſtre pere fit naiſtre une fontaine pour vous y la-
ver : mais ſes ſoins & ceux de ſes ſœurs n'ont pû
empeſcher qu'il ne vous ſoit demeuré quelques
taches, que vous voulez faire paſſer pour des
graces & des avantages de la nature.

LA POESIE.

*V*Ous nommez des defauts ce que chacun ad-
    mire.
Ce feu ſaint & ſacré qu'Apollon ſeul inſpire,
Cét air noble & pompeux, ces charmes, ces appas,
Sont en moy des beautez qui ne vous plaiſent pas.
Telle grace en effet ſi rare & peu commune,
N'eſt point une faveur que faſſe la fortune.

                                          Ces

Ces nobles qualitez font des prefens des Dieux,
Qui m'élevent en haut, & m'approchent des Cieux.
Si d'un œil pur & fain fans un danger extrefme,
Vous pouviez reflechir vos regards fur vous-mefme,
Vous verriez vos couleurs & vos traits fi vantez
Souvent pleins de defauts & de difformitez.
Mais ce fafcheux afpect vous rendroit malheureufe,
Voftre occupation vous feroit ennuyeufe ;
Et ne trouvant en vous rien de bon ni de beau,
Vous quitteriez alors & palette & pinceau.
Auffi de Jupiter la fuprefme afiftance
A voulu vous priver de cette connoiffance,
Et pour entretenir fur terre vos travaux,
Vous donner des plaifirs exempts de plufieurs maux.
Ainfi fans trop penfer aux chofes que vous faites,
Et vous mettre en eftat de les rendre parfaites,
D'un feul œil bien fouvent fans raifon & fans choix
L'on vous voit regarder cent chofes à la fois :
Ce qui fait que l'on prend voftre noble exercice
Pour un jeu de l'efprit & pour un pur caprice.

LA PEINTURE.

IL eft vray, ma fœur, que pour voir avec plus
de jufteffe, & pour mieux juger de toutes chofes, je ne me fers quelquefois que d'un œil ; &
fi je m'applique à obferver tout ce qui fe pre-
fente à moy, c'eft afin de ne rien imiter qui ne
foit vray. Mais vous, ma fœur, dés vos plus jeu-

nes ans l'on jugea de ce que vous feriez un jour. Car outre que vous eftiez fort encline à ne dire gueres la verité, vous eftiez fi prompte, & l'on peut dire fi étourdie, que vous parliez de toutes chofes fans les connoiftre. Les fœurs de voftre pere faifoient leur poffible pour vous corriger, & pour vous inftruire : mais au lieu de bien recevoir leurs avis, vous preniez differens caracteres, & teniez des difcours où l'on n'entendoit rien. Quelquefois au retour du Mont Olympe ou du Parnaffe, aprés avoir confulté les Mufes, vous rendiez vifite aux Nimphes des eaux. Combien de fois vous ay-je trouvée affife auprés d'elles, attentive à les regarder, & à confiderer la beauté de leurs ouvrages? Ce fut ce qui dans la fuite vous fit naiftre l'envie de vous attacher à moy. Vous obfervaftes foigneufement de quelle maniere je travaillois à former les images des Dieux & des grands hommes ; de quels traits je me fervois pour de moindres fujets, & comment j'employois les couleurs pour peindre toutes fortes de chofes.

Voftre mere vous exhortoit fouvent à imiter ce que je faifois, & à me tenir compagnie : c'eft pour cela qu'on a crû que vous eftiez veritablement ma fœur, eftant prefque toûjours auprés de moy à expliquer par des mots choifis ce que je reprefentois par mes peintures.

Je pourrois vous faire souvenir de cent choses que j'ay produites, & que vous avez copiées
depuis. Mais comme ce que j'ay fait subsiste
toûjours, & qu'il ne faut qu'avoir des yeux
pour connoistre la verité de ce que je dis, ce
seront mes ouvrages qui parleront pour moy.
Ainsi j'abregeray mon discours, qui contre ma
coustume n'a déja esté que trop long. Car c'est
à vous qu'il faut laisser ce grand nombre de
paroles que les Dieux vous ont données en par-
tage, & par lesquelles vous prétendez vous
rendre considerable. Je vous laisse donc ce langage sublime, & ces expressions extraordinaires
dont vostre pere se sert luy-mesme pour faire
des réponses ambiguës, & où l'on ne comprend
rien. Imitez-le, ma sœur; & pour abuser le
monde par vos Portraits, faites de la laideur
une parfaite beauté : pour moy, je feray toûjours voir les choses telles qu'elles sont. Mais
j'apperçoy l'Amour qui nous regarde. Comme
il vient à propos pour juger de nos differends,
nous pouvons nous découvrir à luy, puis qu'il
y a long-temps qu'il nous connoist.

L'AMOUR.

JE sçay déja le sujet de vos contestations, &
je m'étonne que deux sœurs aussi spirituelles &
aussi agréables que vous s'arrestent à disputer

enfemble, pendant que chacun admire vos rares qualitez. Il n'eft point queftion de fçavoir vos âges, ni laquelle de vous deux eft l'aifnée. La jeuneffe eft fi avantageufe, que pour mieux plaire à tout le monde j'aime à paroiftre toûjours enfant. L'on confidere les perfonnes par leur merite & par leurs fervices. Je voudrois avoir affez de credit auprés de vous pour vous mettre bien enfemble. Il y a long-temps que je vous connois, & que de l'une & de l'autre j'ay receû plufieurs fervices en diverfes rencontres. Parmi les bons offices que vous m'avez rendus, j'ay affez de fois éprouvé combien toutes deux vous eftes difficiles à gouverner, pour ne pas dire capricieufes. Mais parce que je fuis foupçonné de ne pas fuivre les regles de la raifon dont on prétend que je ne veux point reconnoiftre l'empire, je n'entreprendray pas auffi de vous juger. Soumettez-vous aux ordres de ce grand Roy, dont la prefence embellit ces lieux, & qui eft aujourd'huy l'arbitre & les délices de tout le monde. C'eft pour luy que j'ay pris foin de rendre cette demeure fi agréable, en y faifant venir les Graces & les Plaifirs ; que pour l'orner, j'y appelle tous les beaux Arts : & c'eft pour luy que vous devez travailler l'une & l'autre à meriter fon eftime, & reconnoiftre l'accueil favorable qu'il vous fait.

Mais pour luy en donner des marques, travaillez fur differens fujets. Ce puiffant Prince vous en fournit un affez grand nombre, par lefquels vous pourrez reprefenter tant de nobles qualitez qui le font admirer de toute la terre. Sans chercher dans les fiecles paffez des exemples de ce qu'ont fait les anciens Heros pour les comparer à fes actions miraculeufes, attachez-vous à bien raconter ce qu'il a fait, qui ne trouve rien de comparable dans toutes les Hiftoires.

LA POESIE.

Pour moy je chanteray fur la terre & fur l'onde
Les hautes actions du Monarque François,
*   Et je diray par tout le monde :*
LOUIS, le grand LOUIS eft le plus grand
*   des Rois.*

Tant d'illuftres vertus qu'on voit en fa perfonne
Eternifent fon nom en mille & mille lieux :
*   N'euft-il ni Sceptre, ni Couronne,*
Il merite d'avoir place parmi les Dieux.

LA PEINTURE.

ET moy je reprefenteray fes vertus & fes actions en tant de nobles manieres, par des traits fi grands & des couleurs fi vives, que j'obligeray le Temps à refpecter mes ouvrages.

L'AMOUR.

SI l'une raconte les grandes vertus de ce Prince incomparable, & fait une image des beautez de son ame, c'est à l'autre à bien exprimer ses actions heroïques, & tant de choses memorables qui font l'admiration de toute la terre. Songez seulement à representer fidellement ce que vous voyez, afin que les siecles à venir puissent encore le voir dans l'estat où il paroist aujourd'huy à tout l'Univers.

COmme l'Amour eût cessé de parler, je sortis du lieu où j'estois; & croyant en estre assez connu, je m'avançay, & luy dis. O toy, qui sçais combien j'ay toûjours respecté ton pouvoir; puis que tu inspires à nostre Grand Monarque cette noble passion qu'il a pour les belles choses, quoy-que mon nom ne merite pas d'aller jusques à luy, toutefois, comme il n'ignore pas que je mets toute ma gloire à contribuer ce que je puis aux travaux qui rendent son regne si glorieux; qu'il a mesme eû plusieurs fois assez de bonté pour recevoir favorablement les foibles témoignages que j'en ay donnez: je te prie, Amour, de vouloir faire connoiſtre à ce grand Prince que tu m'as trouvé dans ces lieux méditant ſur les belles actions de ſa vie. La Poëſie que voila peut dire que je n'ay point de plus grande joye que d'entendre de ſa bouche les loûanges qui luy ſont ſi legitimement deûës. Et pour la Peinture, continuay-je, en me tournant de ſon coſté, elle ſçait combien je me ſuis occupé à faire valoir ſes ouvrages, & à découvrir les ſecrets de ſon art, afin de laiſſer à la poſterité des images dignes de ce grand Roy, & d'apprendre à toute la terre les merveilles que nous avons le bonheur de voir.

L'Amour m'ayant écouté me fit ſigne de le ſuivre; & comme pour luy obéïr je voulois ſortir du lieu où j'eſtois, j'entendis un grand bruit qui me fit tourner la teſte d'un autre coſté.

Il eſt vray qu'alors j'ouvris à demi les yeux; & voyant dans l'allée la plus pro-

che de l'endroit où je m'eſtois endormi,
toute la Cour qui ſuivoit le Roy, je fus
extrémement ſurpris. Cependant me trouvant encore poſſedé de l'erreur de mon
ſonge, je cherchois à joindre le faux & le
vray. Il me ſemble que je regardois ſi l'A-
mour ne s'approchoit point du Roy pour
me rendre quelque bon office, & je fer-
may les yeux pour ne me pas détromper
ſitoſt, & pour gouſter plus long-temps la
douceur d'une ſi aimable réverie.

Vous aurez donc, mon cher Cleoge-
ne, de la joye d'apprendre que je ſuis
preſentement de voſtre avis, & qu'une
ſi agréable aventure eſt une nouvelle rai-
ſon à alleguer pour prouver que le Sommeil eſt le plus charmant de tous les
Dieux.   _A. F._

www.ingramcontent.com/pod-product-compliance
Lightning Source LLC
Chambersburg PA
CBHW061607180626
46818CB00005B/1993